Un immense merci à mes Amours qui me donnent chaque jour l'envie de me lever du bon pied pour commencer une journée remplie de câlins et de rigolades. Sans eux je pense que je ne serais déjà plus là.

Merci à toutes mes amies qui m'ont encouragée à vous raconter l'histoire de ma vie avec toutes les émotions que vous allez ressentir au cours de cette lecture.

Merci à Gwen Le Tallec, auteur de « Taran 7 cœurs », pour l'aide et la confiance qu'il m'a données pour lancer cette parution.

Puisse le bonheur et l'amour guider chacun de vos jours.

J'ai failli oublier d'être heureuse…

Vous aussi je suppose…

C'est la raison pour laquelle vous avez acheté mon livre, non? Pour savoir comment ne pas oublier d'être heureuse. Car selon moi, et je ne suis pas la seule à la penser, c'est la raison véritable de la vie : ETRE HEUREUX.

C'est si bon, si doux. On se sent léger, comme un enfant, au cœur pur.

Le bonheur, ça se protège, ça ne se mérite pas. Quelle drôle d'idée : pourquoi certains mériteraient plus de bonheur que d'autres ? Sous quels critères ? Qui pourrait se permettre de décider cela !!!!

Non le bonheur ça se créé! Il est en nous caché sous nos peurs et le regard des autres. Il est là, à portée de main, à portée de cœur.

On y a tous droit. Tous. Vous comme moi.

Je vais donc vous raconter mon histoire et vous donner des astuces, conseils, pensées, convictions qui font ma force et me donne le courage chaque jour de me battre contre le cancer qui me ....

Il finira par gagner mais je n'ai pas peur de mourir. J'ai juste « peur » (grrr je déteste ce mot) de ne pas avoir été assez heureuse pendant cette vie-là. Donc j'y travaille chaque jour. Et ce livre en fait partie, si je peux aider plein de gens à être plus forts, plus confiants en leur capacité de guérison, et donc à vivre plus longtemps heureux... alors je suis super fière de moi. J'ai servi à quelque chose.

J'ai de beaux enfants qui aiment la vie, qui savent combien elle est précieuse, et combien il faut en prendre soin. Ils m'ont tellement vue souffrir et pleurer, qu'ils savent que tout peut s'arrêter si vite.

Regardez autour de vous, beaucoup de gens meurent du cancer en très peu de temps. Entre leur diagnostic et la mort, quelques mois, quelques années... c'est peu. Ils ont couru contre le temps toute leur vie, sans prendre soin d'eux en profondeur, sans prendre en main leur bonheur. Un jour ils arrêtent de travailler, n'ont plus d'obligation, et quelques mois après le cancer fait son entrée dans leur vie... Et là ils ont le choix de se battre (si ce n'est pas trop grave).

La médecine est un « outil » magique, qui sauve souvent. Il faut prendre les traitements que l'on nous donne. Mais il ne faut pas se contenter de ça. Car il y a d'autres « outils » tout aussi importants. Pendant ces 10 années de traitements j'ai remarqué que l'approche des médecins sur les médecines parallèles a beaucoup changé.

Au début quand je disais : « je vois aussi un acupuncteur, un homéopathe, je prends des gélules de ci ou de ça ... » On faisait comme si je n'avais rien dit. Il n'était pas question de prendre en compte ces « médecines naturelles » non reconnues.

Alors j'imagine bien la tête de mon oncologue si je lui avais dit, il y a 10 ans, que j'allais voir des magnétiseurs et guérisseurs. Il m'aurait ri au nez. Et pourtant. Aujourd'hui le point de vue des médecins a formidablement changé. Mon oncologue accepte même de m'entendre dire que j'essaye de me soigner par la prière en reprogrammant mes cellules cancéreuses pour qu'elles ne soient plus immortelles, mais destructibles comme toutes mes autres cellules.

Je ne me sens plus un être « bizarre » mais juste une patiente qui veut s'en sortir et qui croie en elle.

Mon oncologue m'a dit l'été dernier « Vous avez défié tous les statistiques, on ne sait pas pourquoi, ni comment, continuez comme ça, soyez heureuse » ...

1

Je m'appelle Manuela, je suis née en 1967 en Normandie, d'un papa d'origine portugaise (qui travaillait dans les carrières) et d'une maman bretonne (en Fac de pharmacie).

J'ai grandi chez une nourrice car ma mère était encore à l'école quand je suis arrivée. Enfant non prévue au programme de ses 21 ans, dur dur à vivre pour elle et pour moi.

La sensation d'abandon ne m'a jamais quittée et je ne comblerai jamais ce vide. J'ai essayé des centaines de fois, mais je n'y suis pas arrivée. J'ai donc décidé d'accepter cette épreuve qui m'a peut-être donné la force qui est en moi aujourd'hui.

Il vaut mieux ne pas essayer de refaire ou de réparer son passé. Ce qui est fait est fait. On peut toujours avoir un meilleur demain. Il faut vivre son présent croyez-moi, en pleine conscience, avec force et amour.

Vous allez sans doute penser que je parle comme un bisounours… mais je suis un bisounours et je l'assume pleinement. Je n'ai pas honte de dire haut et fort « j'aime et je rêve que la planète soit belle et en pleine forme, que les humains et les animaux soient heureux ». C'est mon rêve, et pas que le mien…

Bref, j'ai grandi sans trop de souci. 7 ans après est arrivé un petit frère, désiré lui. Inutile de vous dire que je n'ai pas trop apprécié sa venue. Je le tapais en douce quand mes parents me laissaient dans la voiture avec lui pour le garder pendant qu'ils faisaient une ou 2 petites courses. Moi qui avais été emmenée partout pendant 7 ans, tout d'un coup je servais de garde chiourme. Je me vengeais avec mes moyens d'enfant de cet âge.

Je lui demande pardon, je sais qu'il peut comprendre.

Et les années ont passé. J'étais une enfant sage, une adolescente studieuse et non révoltée. (Je n'avais pas intérêt, sinon, gare à moi...) Je ne répondais pas et ne claquais pas les portes.

Ma mère vivait dans son monde avec le paranormal que je trouvais intéressant et normal. J'avais entendu dire que l'on était sur terre pour purger nos peines des vies antérieures. Et que donc c'était normal de souffrir et de ne pas avoir ce que l'on voulait ou être heureux. J'en avais pris mon parti.

J'ai continué à grandir avec ces idées-là. Je les diffusais autour de moi car ce que disait ma mère était pour moi parole d'évangile.

Et un jour alors que j'avais 24 ans et que je vivais avec un homme violent sans affinités avec moi (mais je pensais que je ne méritais pas mieux), j'ai rencontré celui qui deviendra ensuite mon mari. Celui qui m'a accompagnée pendant ces 10 années de cancer et de traitements. Celui qui m'a regardée souffrir en se demandant ce qu'il pouvait bien faire pour m'aider. Pas facile pour lui tous les jours. Car quand je souffre je ne suis pas particulièrement agréable.

Il ne m'a pas abandonnée, je l'en remercie de tout cœur.

A vingt-quatre ans il m'a fait voir les choses sous un autre angle. Il n'était pas d'accord avec les enseignements de ma mère. Mais pas du tout. Pour lui, nous étions sur terre pour apprendre des choses et non pour souffrir. Cela me convenait beaucoup mieux. Je ne suis pas une adepte de la souffrance, qu’elle soit physique ou morale...

Nous sommes tombés amoureux de suite. Nous n'avons pas attendu pour vivre ensemble. Attendre quoi et pourquoi? Nous étions pressés d'être heureux.

Nous travaillions beaucoup, sans enfant. La vie ne semblait pas d'accord avec notre désir de maternité. Mon désir plus que le sien. Je ne pensais plus qu'à ça. Je voyais mes amies avoir leur premier bébé, puis le deuxième.... et moi, rien. Je commençais à leur en vouloir d'être si heureuses.

Pardon.

Je me demandais ce que j'avais fait de mal pour ne pas mériter d'être une maman moi aussi. J'avais tellement d'amour à donner à un petit être. Je pleurais souvent de ce manque.

Nous avons commencé les traitements de stimulation ovarienne, et sommes allés jusqu'à la FIV ICSI. Nous avions droit à 4 FIV seulement. Après, soit nous allions à Paris et il fallait payer des sommes astronomiques; soit nous devions passer à l'adoption. J'étais prête à aller jusque-là tellement je voulais un enfant. Mon mari, lui, ne voulait pas. Alors il fallait qu'une de ces FIV fonctionne.

J'ai passé 6 ans dans les hôpitaux, les cabinets de gynécologie, à faire violence à ma pudeur pour pouvoir avoir un enfant. J'ai eu des années de stimulation ovarienne par piqures et échographies. Quel bonheur de se faire enfoncer un truc dans le vagin tous les 2 jours pour voir combien d'ovocytes étaient là, et de quelle taille. Car de leur taille dépendait la réussite de la fécondation. Je blague bien sûr.

Les médecins n'imaginent pas comme cela peut être humiliant parfois. Mais on nous fait sentir qu'il faut savoir ce que l'on veut et la fermer. Peu de diplomatie dans cette course au bébé.

Mon mari se sentait mal à chaque fois qu'il devait donner son sperme, avec une jolie biche encadrée sur le mur de la pièce de prélèvement glauque et sans chaleur. Si, si, cela a vraiment existé.

Des années d'espoir et de désespoir…

J'ai failli abandonner tellement je redoutais la détresse qui suivait l'espoir après chaque essai infructueux.

Et les années passaient.

J'allais avoir 35 ans. Aie, je me rapprochais des 40 ans et de l'infécondité « probable ». Mais je continuais à espérer.

Je priais, je mettais des bougies dans les églises... J'allais même voir des cartomanciennes pour savoir "quand".

Et j'en ai rencontré une un jour qui m'a dit que j'allais avoir des jumeaux, mais que ma petite fille allait mourir et que mon mari me quitterait. Je ne sais pas ce que je lui avais fait à celle-là mais elle avait décidé de me pourrir mon avenir.

Nous avions fait tous ces traitements et essais à Rennes. Sans le succès escompté. Nous avons décidé de changer de ville et donc d'hôpital pour la tentative ultime.

Nous avons joué à la roulette russe. A Nantes, on ne nous présentait pas les choses de la même façon.

On nous a parlé de médicaments tuant les spermatozoïdes, comme l'Aspégic 1000. Mon mari en prenait souvent pour ses maux de tête. On nous a également conseillé de réimplanter plus de deux embryons pour augmenter nos chances de grossesse. Mais le « jeu » n'était pas sans conséquence. Si la grossesse multiple comprenait 3 ou 4 bébés, il n'était pas question de faire une réduction embryonnaire.

C'était pour nous la quatrième et dernière FIV. Toute ma vie se jouait là. Je ne pouvais pas ne pas être une maman. Ce n'était pas concevable dans mon cœur.

Nous avons donc décidé de réimplanter trois embryons. Et j'ai prié, beaucoup.

Je me souviens très bien du jour où j'ai appelé le laboratoire pour connaitre le résultat de la prise de sang qui confirmait ou non la grossesse. J'étais au travail, dans l'agence de publicité. Je tournais en rond, je ne pensais qu'à ça. Obsessionnel.

J'avais si peur du non que je reculais l'heure de l'appel. A un moment, j'ai pris mon courage à deux mains et j'ai appelé le labo. Quand la laborantine m'a dit "c'est positif", je lui ai demandé "vous êtes sûre ? " pour ne pas être enchantée inutilement. Pfff... "Oui, oui, je suis sure m'a-t-elle dit". Mes yeux et mon cœur ont éclaté de joie.

Enfin, j'allais être vraiment heureuse. Je me voyais bercer mon bébé, lui faire des bisous, et encore des bisous, et toujours des bisous.

J'avais envie de le dire à toutes mes copines de boulot (c'était les premières sous ma main), mon mari, ma mère, mes amies, bref au monde entier... et pourtant je n'étais enceinte que de 2 semaines.

Mais il fallait que le monde entier le sache. Et pourtant à ce stade la grossesse est fragile et peut très bien ne pas se poursuivre.

On nous dit bien de ne l'annoncer à notre employeur qu'au bout de 3 mois. Je ne pense pas que j'ai attendu si longtemps pour le dire à mon patron, je ne me rappelle pas en fait..

Et à partir de ce jour je suis montée vivre sur un petit nuage, celui de la maternité. Pour moi cela s'est très bien passé. Neuf mois de bonheur. Et au bout une jolie petite fille, Manon. J'étais comblée.

Elle était bien vivante, belle, avec un immense sourire sur son beau visage. Elle rigolait tout le temps et moi je la dévorais du regard et la couvrais de bisous. Je vivais pour elle et à travers elle. Je ne l'ai jamais laissée pleurer. Je ne pouvais pas.

L'entendre me faisait tellement de peine. Je me disais "mais qui a bien pu décider qu'il était bon de laisser les enfants pleurer". Ils souffrent, ils sont en demande, on ne peut pas les laisser comme ça... Un bébé ne peut pas être méchant ou espiègle. Comment imaginer qu'une bouille d'ange puisse nous faire mariner de la sorte. C'était mon premier bébé, il n'était pas question pour moi que je la laisse souffrir, quelle qu'en soit la cause. Je tenais tête à maman et belle-maman, sure de moi.

Je partais du principe que moi seule pouvait suffisamment connaitre ma fille pour prendre soin d'elle et l'éduquer (avec mon mari bien sûr). Je ne regrette rien. Ma petite louloute est devenue aujourd'hui une grande fille pleine d'amour.

Je pense qu'elle couvrira aussi ses enfants de bisous.

Lorsque Manon avait neuf mois, je suis tombée enceinte spontanément. Sans le vouloir, sans le savoir. Quel étonnement. Donc ma machine marchait encore toute seule. Un autre bébé, si vite alors que ma petite louloute étaient encore à 4 pattes et avait tant besoin de mes bras.

En étant sincère, je n'étais pas très contente d'être si vite enceinte. Fou non, en y repensant après coup... Et pourtant c'était bien le cas. Ce petit être a dû sentir qu'il arrivait un peu trop tôt à mon gout car j'ai commencé à saigner dès le deuxième mois et ce jusqu'au troisième mois. Il a donc décidé de partir.

Je lui demande pardon.

Et deux ans plus tard, nous avons décidé d'essayer d'avoir un autre enfant. Nous avons à nouveau suivi les protocoles pour faire des FIV à Nantes. Deux tentatives ont été suffisantes.

Mais cette fois-ci je ne pensais pas qu'à ça, puisque j'avais déjà ma fille. Je me disais donc que si cela ne marchait pas ce ne serait pas grave et que je me contenterais d'un seul enfant. Nous avons fait une FIV sans succès. Puis une autre. Et là, je ne sais pas pourquoi mais je sentais que cela marcherait. Quelque part en moi je le savais.

J'allais à nouveau être maman. Et je suis tombée enceinte pour la deuxième fois. Mais cette fois-ci le cadeau était encore plus grand.... il y avait deux bébés.

Moi qui rêvais d'avoir trois enfants alors que mon mari n'en voulait que deux... j'étais comblée. Tous mes rêves se réalisaient.

Nous avons été très heureux tous ensemble ces années-là. Sont arrivés un petit garçon Titouan et une petite fille Juliette. Beaux comme des cœurs. Faciles à élever. J'étais en congé parental pour profiter de mes trois enfants. De toute façon je ne gagnais pas assez pour qu'il soit rentable de travailler avec trois enfants en nourrice. Le choix avait été vite fait. J'étais bien à la maison avec mes trois petits et mon mari.

Je comptais profiter de mon congé parental en toute sérénité. C'est ce que j'ai fait pendant un an et demi. C'est du travail, élever trois enfants. Donner la tété à des jumeaux c'est génial, mais c'est toute une organisation. Je ne me voyais pas donner la tété à l'un puis à l'autre ensuite. J'aurai passé ma journée dans le canapé les seins à l'air. Pas cool. Alors je les allaitais en même temps. Chacun son sein.

J'ai essayé de les intervertir. Mais ce fut la catastrophe. Mes seins s'étaient adaptés à chaque téteur, un débit personnalisé en quelque sorte. Si j'essayais d'inverser les bébés, l'un se noyait de trop de lait et l'autre n'avait pas assez à manger… hihiihii. Ainsi c'était beaucoup plus simple. Je les ai nourris jusqu'à leur 8 mois. Je pensais aussi les protéger.

Un bébé qui vous regarde en tétant dégage un océan d'amour dans votre cœur. Inoubliable.

Tout allait bien jusqu'au soir où…

2

... en prenant ma douche, j'ai senti une petite boule sous la peau de mon sein. Comme si j'avais une petite bille ou une noisette cachée sous ma peau. Que nenni... c'était le début des soucis.

Mon médecin traitant m'a tout de suite envoyée passer une échographie. Puis une biopsie. Mon inquiétude était confirmée.

J'avais un cancer du sein de stade 1. Donc le plus facile à guérir. Ouf, me suis-je dit. Pas trop grave, ça va aller.

C'était le début de l'été, je devais faire une grande fête pour mes 40 ans. J'ai eu peur de la chimiothérapie, je me suis dit "à quoi je vais ressembler???", je me suis fait de mauvais films. Je n'avais plus le cœur à faire la fête. J'ai donc annulé ma fête d'anniversaire.

Il y a 10 ans, on n'avait pas un taux de guérison aussi élevé qu'aujourd'hui en 2018.

Avant le pronostic, nous avions décidé de partir une semaine fin juillet au bord de la mer en Bretagne, à Binic exactement.

Nous avons maintenu notre projet, mais le cœur n'était pas aussi joyeux que prévu. Sur la plage je regardais ma fille de 5 ans et mes deux petits de un an et demi jouer, insouciants. Et je ne pouvais m'empêcher de penser : "vais-je les voir grandir ? Vais-je les abandonner malgré moi? Est-ce que cela doit être? Est-ce que je dois l'accepter ou me rebiffer? L'angoisse terrible de l'abandon m'a donné la force de me battre, de faire confiance aux médecins et à leurs traitements.

A l'hôpital, je ne posais pas de questions sur ce qu'on m'administrait. Les seuls renseignements que l'on m'avait donnés d'office lors d'un entretien prémédication avec une infirmière étaient les conséquences de la chimiothérapie sur mon physique. J'avais peur d'avoir trop d'informations erronées et de m'inquiéter à l'avance.

En fait il y a plein de chimiothérapies différentes et toutes les femmes ne réagissent pas de la même façon à un même traitement.

Certaines perdent leurs cheveux, d'autres pas.

Moi c'était ma seule hantise : perdre mes cheveux. Le premier attribut féminin à mes yeux. Il faut dire que j'avais une crinière de lionne, blonde bouclée. Etre chauve n'était pas envisageable. J'avais peur que mon mari ne m'aime plus, qu'il ait du dégout en me regardant et qu'il me quitte.

Et malgré mes souhaits, j'ai perdu tous mes cheveux, tous mes poils, partout, partout...

... et il ne m'a pas quittée.

Je ressemblais (de loin) à la superbe actrice qui est rasée et qui joue dans Alien. Comment s'appelle-t-elle déjà? Sigourney Weaver. Elle, elle était belle. Moi je me trouvais moche.

Heureusement j'avais été très bien conseillée avant de perdre mes cheveux. J'avais donc commandé une perruque qui ressemblait à mes propres cheveux méchés mais plus courts. Je me suis donc fait couper les cheveux comme ma perruque.

Comme ça le jour où je perdrais mes cheveux, je n'avais plus qu'à passer à la perruque. Et hop, ni vu ni connu, personne ne verrait la différence. Et c'est ce qui s'est passé.

J'ai été tentée de prendre une perruque avec de grands cheveux blonds lisses. Humm être comme une belle suédoise. Mais on m'a déconseillé.

Pourquoi ne pas se faire plaisir me direz-vous ? Simplement parce que le jour où vous voulez enlever votre perruque ; il y a trop d'écart de longueur et cela se voit très vite.

Et en fait je ne pensais pas à ce moment-là que je voudrais me débarrasser de ma perruque au plus vite après les traitements finis. C'est ce qui s'est passé. Elle me grattait et me rappelait la maladie.

Il est souhaitable d'avoir une bonne mutuelle, car il faudra compter au moins 500 euros pour une perruque qui ne ressemble pas à du plastique. Et encore je ne parle pas de vrais cheveux… Car si vous comptez sur la sécu, elle vous remboursera 75 euros tout au plus. C'est inadmissible quand on y pense. Comme si c'était un luxe d'avoir des cheveux.

La nuit, j'enlevais ma perruque pour soulager mon crâne de ce contact synthétique et laisser mes petits cheveux repousser. Je portais alors un bonnet, pas très seyant… mais c'était mieux que rien. On ne se rend pas bien compte quand on a des poils, combien ils sont utiles et protègent du froid (les cheveux) ou des microbes (le nez).

Comme ma perruque m'allait très bien, on me complimentait sur ma nouvelle coupe. Cela me faisait plaisir car je ne voulais pas qu'on me plaigne. Je ne voulais pas que les choses changent, mon bonheur était si beau, il fallait qu'il reste intact.

Je ne voulais pas que les gens me regardent en se disant : elle est bizarre, elle est malade, c'est peut-être contagieux. grrr, éloignions nous....

Car il y a 10 ans, beaucoup de gens pensaient que le cancer était contagieux, comme le sida. Je ne voulais à aucun prix être rejetée.

J'avais déjà moi-même du mal à m'accepter, si en plus tout le monde se détournait de moi, je pense que j'aurais sombré dans la dépression.

Après la souffrance physique, la souffrance morale; très peu pour moi.

Je vous en prie, ne regardez pas les gens malades avec interrogation, dégout ou mépris, vous leur faites si mal... regardez ailleurs et laissez-les à leur souffrance, elle est déjà assez grande comme ça !

Ou alors aimez-les comme ils sont, ce n'est pas leur choix de ressembler à un être malade, mais la conséquence de leur traitement. Ils ont besoin de confiance pas de méfiance.

Merci.

J'ai été opérée en Aout 2007. Ma tumeur avait beaucoup grossi.

Je vous conseille de ne pas attendre à partir du moment où vous découvrez que vous avez un cancer. Ça pousse vite cette saloperie. Il y a 10 ans, on enlevait la tumeur d'abord et on passait à la chimio ensuite.

Ils préféraient sans doute éradiquer le mal et faire ensuite une chimio pour détruire les dernières métastases éparpillées çà et là.

Aujourd'hui les choses ont l'air d'avoir changé. Les médecins font de la chimio en premier pour réduire au maximum la tumeur avant de l'enlever. Comme ça ils abiment moins le corps des femmes. Je trouve cela bien mieux.

On prend plus soin du bien-être et de l'image de la femme. Avant on pensait juste à soigner coûte que coûte. Aujourd'hui, on pense plus à après, aux conséquences des chirurgies ou des traitements.

Lors de l'opération, ils ont enlevé la tumeur mais aussi les ganglions sentinelles. Si mes souvenirs sont exacts, j'en avais 9 de cancéreux sur 20.

Le souci, après cette intervention, c'est qu'il faut faire attention à ne pas blesser son bras sans ganglion. Car la lymphe ne remonte plus si le bras est agressé (par une infection ou une brulure). Le bras gonfle et c'est irréversible.

Cela ne me dit rien qui vaille. Donc je mets de la crème solaire indice 50 sur mon bras avant toute exposition au soleil. Je veille à ne pas m'endormir au soleil. Je jardine avec des gants et dès qu'un chat me griffe, je me jette sur le désinfectant.

Et si malgré ces précautions, mon bras commence à gonfler, je fonce chez la kinésithérapeute pour qu'elle me fasse du drainage lymphatique. Et je protège mon bras comme un petit enfant fragile.

Je ne suis restée que trois jours à l'hôpital pour mon opération. Cela me semblait si long, loin de mes enfants, si petits.

Il est vrai que maman de trois enfants, je ne me donnais pas le droit de sombrer dans quoi que ce soit de négatif. Mes petits loups comptaient sur moi.

Mon mari ne m'a jamais vue sans perruque, ni bonnet.

Une fois, un après-midi, juste pour voir, j'ai enlevé ma perruque devant mes deux petits que je gardais avec moi, car j'étais toujours en congé parental. Ils ont fait de grands yeux effrayés. J'ai vite remis ma perruque et ils ont oublié instantanément...Je n'ai jamais recommencé devant personne.

En fait, ce n'était pas le cancer qui me faisait mal mais la chimiothérapie. Entre mes trois protocoles de chimio et les rayons qui ont suivi, cela a duré 9 mois. Le temps d'une grossesse.

Pour m'aider à supporter les nausées, je prenais de l'homéopathie. Ces petites billes n'ont l'air de rien, mais elles atténuent fortement les nausées, la sécheresse cutanée,… bref tous ces petits désagréments associés à la chimiothérapie.

Un médecin généraliste m'avait été conseillé par ma pharmacienne. Car il était à la fois médecin homéopathe et acupuncteur. Très fort pour accompagner les femmes en traitement du cancer ! Très fort en tout aussi !

Je le voyais très régulièrement. Car la chimio détruisait les cellules cancéreuses mais aussi plein de bonnes cellules à côté. Lui réparait en moi, au maximum, les dommages collatéraux. Il ajustait son traitement aux effets secondaires du moment. Un magicien, débordé bien sûr. Ne prenant que rarement de nouveaux clients…

Je l'en remercie vivement.

Mais s'il y a le corps physique à soigner, il y a aussi les corps énergétiques. Les alignements des chakras, l'encrage. Ce sont des choses que j'ai apprises avec mon amie magnétiseuse. Car j'étais quand même très fatiguée et il fallait recharger mes batteries toutes les 2 semaines. Pour ce faire j'avais recours au magnétisme. Elle réalignait mes chakras et me débarrassait de toutes ces peurs qui encombraient mon aura. Elle me soulageait tellement. Elle m'allégeait l'esprit.

Elle me donnait la force d'un Jedi.

Je rentrais chez elle, fatiguée et abattue; pleine de peurs. Je ressortais victorieuse, reine du monde et belle comme un cœur. Comment était-ce possible pensez-vous? Je ne sais pas, je ne pose pas trop de question, je fais juste confiance et je prends tout ce qui est positif pour moi. Elle faisait passer les énergies, et le soin par le même canal. Elle ne me touchait que très peu, passant ses mains au-dessus de moi. Semblant pousser des choses malsaines vers l'extérieur de moi. J'étais en confiance, des fois je sentais la chaleur dans mon corps, en profondeur, là où ses mains se posaient.

En plus de ses soins, elle me donnait des conseils de vie, comme avaler des gélules de curcuma, faire des cures de détox à la sève de bouleau, prendre des probiotiques.

Le saviez-vous ? Tout est dit dans l'intestin. C'est l'organe dont vous devez prendre grand soin, car tous les capteurs du corps y sont cachés.

Je suivais ses conseils à la lettre. Et je m'efforçais de vivre le plus possible comme avant.

Ayant grandi avec des phénomènes paranormaux, j'étais habituée à ne pas croire que ce que l'on voit. Et aujourd'hui j'y crois encore plus. Un cancer du sein et trois récidives plus tard je suis toujours là, radieuse (pas toujours, mais très souvent) avec une force de Jedi. Et je continue à la voir, chaque fois que je suis malade.

A part la fatigue et le fait qu'il ne fallait pas boire d'alcool, ma vie de tous les jours n'avait pas beaucoup changé. Je ne la remercierai jamais assez pour tous les soins et l'Amour qu'elle m'a donné.

Merci à tout jamais. Car au jour où j'écris ces lignes elle continue à prendre soin de moi. Je pense qu'elle sera là pour moi jusqu'au bout.

C'est là que j'ai découvert qu'il fallait se débarrasser de tous les mauvais sentiments ancrés en nous, toutes les vieilles histoires qui font mal, tous les reproches et autres douleurs non physiques qui nous encombrent le cœur et l'esprit. Comment ?

En les transposant sur du papier ou un disque gravé. Tout écrire et tout détruire pour soulager notre esprit et avoir de l'énergie pour vivre heureux au lieu de ressasser le passé.

Ce geste symbolique nous permet de déplacer toutes ces rancœurs et ces douleurs morales de notre cœur à un support qui n'est pas en nous et qui ne nous fera donc plus mal, ou au moins plus tout autant...

Donc écrivez sur une feuille ou un fichier tout ce qui vous a fait de la peine depuis que vous êtes petit, tout ce qui vous a brimé, tout ce que l'on vos a reproché, tout ce que vous regrettez. Prenez votre temps, n'oubliez rien, n'ayez aucune honte, personne ne doit lire votre écrit. Lorsque plus aucune image négative ne vous vient à l'esprit, regardez bien ce que vous avez écrit. Dites-lui « adieu » et détruisez le, par le feu c'est bien. Ou par un autre moyen si vous préférez. Faites le disparaitre de votre vue, de votre vie… Soulagez votre cœur de ces épreuves qui appartiennent au passé. Soyez léger comme un petit oiseau nouveau.

Passez au présent, il y a tant de belles choses à faire et à voir. Soyez heureux.

3

Revenons à mes traitements.

Chaque semaine j'allais au Centre de cancérologie recevoir ma chimio. J'étais toujours inquiète du passage de la chimio. Cela allait-il bien se passer ? Serais-je malade ? Nauséeuse ? Et le « après » ?

La salle d'attente me faisait peur. Chacun portait sur lui les marques de son cancer. L'ambiance était lourde.

Chacun sa croix !

Je me sentais privilégiée de n'avoir qu'un « tout petit cancer ». Je ne suis pas sure aujourd'hui que c'était un privilège...

Pour l'injection de chimio, nous étions trois par pièce, assises/allongées dans de grands fauteuils confortables mais sans intimité. Moi qui avais peur, j'aurais aimé qu'une amie m'accompagne. Mais pour que les autres personnes écoutent notre conversation, surement pas.

J'y allais donc seule la plupart du temps.

Et je rentrais en ambulance fébrile, nauséeuse et inquiète de comment allaient se passer les jours à venir. Aurai-je assez de forces pour jouer avec mes trois petits ? Aurai-je seulement envie de sortir de mon lit et de faire quoi que ce soit ?

Ma famille proche était présente ces jours-là. Je pouvais donc ne penser qu'à moi et à guérir.

Si un jour vous passez par-là, faites-vous aider sans hésitation. Vous aurez ainsi plus de forces pour remonter plus vite et reprendre le cours normal de votre vie. Et continuez à rire, voir des amis, sortir vous promener.

C'est fou comme les choix de vie évoluent avec l'état de santé du moment. On ne voit plus les choses de la même façon. Les priorités changent. Le beau et le nécessaire ont plus de valeur qu'avant. En fait c'est ça. Il y a « une vie avant » et « une vie après ».

Merci à la Vie.

Ensuite on a attaqué la radiothérapie. Du lundi au vendredi pendant plusieurs semaines.

Après mes trente ou quarante séances de rayons, mon sein avait vraiment noirci et me faisait chaud dedans comme si il y avait de la braise sous la peau. Ma mère m'a emmenée voir une passeuse de feu. Une autre magicienne sur ma route.

Je la remercie chaleureusement.

Je suis rentrée chez elle avec le sein brûlant et j'en suis ressortie avec le sein normal.

Elle m'a déposé de sa salive sur la brulure interne jusqu'à ce que la température descende et redevienne normale. Cela a duré presque une heure. Un petit café plus tard, nous sommes rentrées chez moi, j'étais soulagée.

Mille mercis.

Si vous êtes atteint du cancer, prenez le traitement prescrit par votre oncologue, très sérieusement.

Mais aidez-vous des médecines parallèles pour en soulager les effets secondaires et garder force et moral. Car c'est ce qui fait encore mieux marcher le traitement. Vos cellules seront plus combatives, cela marchera mieux et durera donc moins longtemps.

Faites attention avec les compléments alimentaires. Il faut qu'ils soient adaptés à votre cas et compatibles avec votre chimiothérapie. L'automédication n'est pas forcément une alliée. Demandez toujours conseil à votre oncologue car la phytothérapie peut modifier l'assimilation de votre chimiothérapie.

Cherchez autour de vous les passeurs de feu et/ou les magnétiseurs. Ils sont souvent déclarés. Les pharmaciens sont de bons informateurs. Ça parle beaucoup à la pharmacie, comme chez le coiffeur d'ailleurs. N'hésitez pas à leur demander des noms, ils seront contents de vous aider.

Et ne soyez pas dure avec vous-même. Ne vous dites pas que vous ne valez plus rien parce que vous êtes fatiguée tout le temps. Au contraire, encouragez-vous, félicitez-vous du courage que vous avez pour combattre cette maladie, et toutes les maladies.

Faites-le pour vous d'abord, car la vie est un cadeau précieux. Et faites-le aussi pour tous ceux qui sont autour de vous et qui vous aiment. Ils ont besoin de vous, comme vous avez besoin d'eux.

Aimez-vous.

4

Pendant les neuf mois qu'a duré ce premier traitement, je n'ai pas hésité à demander de l'aide autour de moi. J'habite dans un quartier pavillonnaire des années 70 avec des personnes d'un certain âge. La majorité est très gentille, il reste deux ou trois c..., mais c'est partout pareil.

Quand ils ont appris que j'avais le cancer avec trois enfants en bas-âge, ils se sont proposé de me les garder pour que je puisse me reposer ou aller faire mes rayons, ou juste me promener et respirer un peu.

J'ai beaucoup apprécié leur aide et leur tendresse.

Ce qui fait que mes enfants ont des papis mamies dans le quartier. Ils veillent encore aujourd'hui sur moi et mes petits loups.

Ma famille a aussi été très présente.

Surtout qu'à peine fini mes derniers rayons, un mois après exactement, on découvrait la leucémie de mon petit garçon. Il avait 2 ans et 1/2.

Moi qui me disait : « ça y est je vais retrouver mon joli bonheur, ma vie pleine d'insouciance et de rigolade, sans peur et sans reproche… »

Je me suis demandé si le sort ne s'acharnait pas sur moi? Méritais-je tout cela ? J'avais dû être drôlement méchante dans mes vies antérieures pour recevoir un tel traitement dans cette vie…

Et oui je crois aux vies antérieures, à la réincarnation. Au karma… Je crois même que nous nous réincarnons par groupe. Ce qui explique qu'on peut avoir instantanément des affinités avec quelqu'un, ou la perception de bien connaitre quelqu'un qui, en fait, nous est inconnu. On aurait, je pense, quelques souvenirs ou perception restantes de nos vies antérieures. Mais cela n'engage que moi.

Donc…

Nous étions repartis pour l'hôpital. Cette fois-ci enfermés avec notre petit garçon. Moi la journée entière. De son côté, mon mari prenait le relais le soir. Il fallait bien que l'un de nous deux travaille pour faire vivre la maison.

Car le jour où nous avons découvert que notre petit garçon avait un cancer du sang, l'un de nous deux a dû abandonner son travail immédiatement. Je dis bien sur le champ. Heureusement que j'étais toujours en congé parental. Le choix était vite fait, d'autant que c'est moi qui avais le plus petit salaire.

Les infirmières de l'Hématologie ne sont pas des baby-sitters mais du personnel soignant et bienveillant. Elles ont déjà tellement de travail.

Et je les admire très fort, car leur job n'est pas à la portée de tous. Prendre soin d'enfants entre la vie et la mort c'est dur à supporter. Elles ont une force mentale que je n'ai pas. Moi qui pleure dès que je vois un petit être en détresse…

Elles ont toutes été si gentilles avec notre petit loup. Des fois, la nuit, il appelait (nous n'avions pas le droit des rester la nuit), elles lui faisaient des câlins. Quand elles ne comprenaient pas ce qu'il voulait, elles nous appelaient. Nous, nous avions le décodeur, nous savions comprendre le « parler Titouan ». Comme quoi elles aimaient vraiment les enfants et leur métier. Bravo à vous. Vous resterez dans mon cœur à tout jamais, car vous avez portés nos enfants mais nous aussi parents.

Lorsque nous rentrions, le soir, il fallait bien que nous, parents, puissions recharger nos batteries pour assumer toutes ces lourdes journées d'angoisse avec un immense sourire sur notre visage. Notre fils ne devait pas sentir notre impuissance et notre désarroi.

Car oui je peux l'avouer aujourd'hui, je me sentais terriblement impuissante face à ce crabe qui pouvait prendre la vie de mon petit garçon, et me blesser à tout jamais.

A l'hôpital, dans la journée on jouait ensemble, avec les autres enfants, ceux qui n'allaient pas trop mal et qui avaient envie. On faisait de la cuisine une fois par semaine. Titouan était super fier de manger les gâteaux qu'il avait cuisiné, à deux ans et demi. Vous vous rendez compte. Sa sœur faisait des kaplas à la crèche et lui il cuisinait à l'hôpital. Quel décalage.

Nounours venait dire bonne nuit le dimanche soir... Il y avait aussi un clown je crois. Et les pompiers sont venus distribuer des cadeaux aux enfants dans ce service, car un petit garçon rêvait d'être pompier. Très joli geste de leur part. J'ai une belle photo de mon Titouan avec un vrai casque de pompier.

Ce service très fermé était joliment décoré, plein de couleurs pour ces petits enfants qui ne rentreraient peut-être jamais chez eux. Chaque saison ou thème du calendrier était prétexte à une nouvelle décoration. Nous pouvions participer à la fabrication des fleurs en crépons, ou autre accessoire féerique.

Des couleurs pour donner aussi du baume aux cœurs des papas et des mamans qui passaient toutes leurs journées là-dedans, avec un masque, une charlotte et une blouse.

Des fois, je ne pouvais même pas faire de bisous à mon enfant. Il faisait des aplasies et il fallait le protéger, lui ou son petit copain de chambre. Il arrivait que ce soit une fille, mais Titouan ne faisait jamais de différence. Il était trop petit pour ça.

Mon loulou était relié à une machine en permanence. Elle lui délivrait la chimiothérapie, les corticoïdes et je ne sais quoi encore. Ils lui avaient posé un cathéter au niveau de son cœur. Il était caché sous des pansements. On l'appelait son « petit escargot » car son tuyau était enroulé comme un escargot. Titouan pleurait souvent quand on enlevait le pansement à cause du scotch qui lui arrachait la peau. C'était à peu près les seules fois où il pleurait.

Si vous pouviez pensez, vous les inventeurs, à fabriquer des pansements qui tiennent sans arracher la peau quand on les enlève, ce serait génial.

Pour prendre soin de mon enfant j'ai fini mon congé parental et ensuite je suis passée en congé enfant malade. Et cela a duré deux ans et 1/2 de traitements, de chimiothérapie, de ponctions lombaires où je pleurais avant même qu'on le touche.

Lui ne disait jamais rien, comme s'il avait accepté cela comme une évidence. C'était son sort, il faisait avec. Qu'il était grand dans son cœur mon tout petit bonhomme.

Pendant ces deux longues années, je ne pensais plus à moi du tout, je n'avais pas le temps. Seuls mes enfants comptaient, et un peu plus mon Titouan qui devait combattre le crabe, si petit et si courageux.

Je comprenais ce qu'il vivait, je venais d'en sortir. J'ai tout fait pendant ces années pour que mes enfants souffrent le moins possible. Titouan, du fait de sa maladie. Et mes deux filles du fait de l'absence de leur maman, et de notre tristesse parfois. Nous avions si peur de perdre notre petit garçon.

Mon mari a trouvé cette maladie injuste. Il a beaucoup souffert, il s'est révolté. Moi je me suis contentée de pleurer et de soutenir tout le monde. Je ne souhaitais qu'une chose. Que la mort nous épargne, j'avais déjà tellement pleuré. Je voulais que mon fils soit sauvé.

A l'hôpital, les enfants étaient deux par chambre, sauf cas exceptionnel. Certains enfants hospitalisés en même temps que Titouan sont morts. En commençant par le petit Victor, 18 mois, qui était avec notre fils à notre arrivée en hématologie. Neuroblastome. Il avait une tumeur au cerveau. Elle lui paralysait la moitié du corps. Ils ont tout fait pour le sauver, à Rennes d'abord, puis à Paris. Sans succès. Il est mort en quelques mois.

Ses parents croyaient dur comme fer qu'il serait sauvé. Ils l'aimaient tellement qu'ils avaient confiance.

Que nous avons pleuré Yann et moi quand nous avons reçu un texto annonçant la mort de leur fils unique ! Pareil à la mort du petit Ewen qui lui avait passé un an et demi à l'hôpital, je crois.

La vie semble si injuste parfois. Pourquoi les enfants doivent-il mourir ?

Alors putain de merde, si vous êtes en vie et sans souffrance, profitez-en.

Arrêtez de vous prendre la tête pour des conneries de tous les jours et vivez HEUREUX.

Prenez soin de vous et de ceux que vous aimez.

Pardon, j'avais envie de le dire. C'est fait....

Et moi aussi j'avais confiance. Titouan réagissait très bien aux traitements, donc il était en bonne voie pour être sauvé. Et je l'aimais tellement (autant que mes autres enfants je précise) que je ne m'imaginais pas vivre et rigoler sans lui.

Je l'ai donc enveloppé dans la cape violette de Saint Germain (certains sauront de quoi je parle, c'est l'ange de guérison), et j'ai prié pour lui jours et nuits. La prière m'a réconfortée.

Dès l'annonce de la maladie, nous l'avons séparé de sa jumelle Juliette avec qui il dormait. Leur chambre était tout le temps remplie de rires. Ils étaient si complices mes deux petits loups.

Pour ne pas déboussoler Juliette nous l'avons mise immédiatement à dormir avec Manon. On a fait comme des tentes pour distraire leur attention de l'absence de Titouan, elles ont trouvé ça très rigolo.

Elles ont eu le droit de venir voir leur frère une fois au tout début, dans une salle de réunion de l'hématologie, pour bien comprendre qu'il était à l'hôpital et qu'il n'avait pas « disparu »....

Dans la journée, Manon allait à l'école en maternelle et Juliette à la crèche ou avec les papis mamies. Titouan n'avait le droit qu'à deux visiteurs par jour, jamais plus. Donc à part Yann et moi, il n'a vu personne de sa famille pendant plus de deux mois.

Nous faisions circuler des photos ou de petites vidéos entre la maison et l'hôpital. Mais avec la forte dose de corticoïdes administrés, en un mois notre fils a beaucoup changé. Il a perdu toutes ses jolies boucles blondes et son visage a gonflé. On le reconnaissait à peine.

Il était excité tout le temps et il ne pensait qu'à manger. Le pauvre, pas facile de comprendre à deux ans qu'on ne peut pas manger tout le temps même si on a très très faim.

J'arrivais le matin vers 8h30, il avait les dessins animés à la TV et son bib, mais il m'attendait pour manger ses tartines. Je prenais un café avec lui. On faisait le bain (grand moment de rigolade avec des petits canards en plastique). En prenant soin de ne pas mouiller le petit escargot…

Après chaque repas il fallait se laver les dents, et faire un bain de bouche au bicarbonate pour éviter les aphtes. Après on jouait à des jeux de sociétés ou on allait rejoindre les autres enfants à la salle de repas et de jeux (s'il n'était pas en aplasie bien sûr).

Il y avait un babyfoot, pour que les enfants s'occupent et puissent jouer ensemble. Titouan ne sortait jamais du service hémato sauf pour les radios, échos, IRM ou autres examens nécessitant des machines non portatives.

Et moi je ne m'absentais que quand il s'endormait pour sa sieste (j'allais manger au resto de l'hôpital, ou je prenais un sandwich). Et je prenais l'air. Je pleurais aussi très souvent. Il fallait que tout ce que je voyais dans ce service, qui me faisait si mal, sorte un peu.

Tous ces enfants touchés par ces maladies si graves, et leurs parents parfois gais, parfois tristes. C'était lourd à supporter chaque jour. Mais quand on aime son enfant, on est prêt à tout supporter pour qu'il ne souffre pas.

Quand je devais m'absenter autrement, je demandais à une gentille dame, dite « blouse rose », de prendre le relais auprès de mon fils. C'est là que nous avons rencontré Marie-Claude. Titouan l'adorait et moi aussi car elle prenait bien soin de lui. J'ai gardé une photo d'eux deux, trop mignons.

Merci du fond du cœur à vous toutes, mesdames, qui donnez votre temps et votre amour à ces petits êtres qui ne sont même pas vos petits-enfants.

MERCI.

Et le soir quand je racontais à mes deux louloutes ce que j'avais fait de ma journée avec Titouan, je m'efforçais de ne pas pleurer pour qu'elles ne s'inquiètent pas. Il y avait déjà assez de personnes malheureuses, pas la peine d'en rajouter.

Du coup, elles ne voyaient pas leur papa en semaine, ou si peu, car il rentrait vers 21h30 – 22h de l'hôpital. Il attendait que Titouan s'endorme pour partir, pour que notre fils ne se sente pas abandonné chaque soir.

Pour mon mari, les journées étaient longuessssss. Pour moi aussi d'ailleurs. Car après ma journée à l'hôpital démarrait ma deuxième journée à la maison, avec toute l'intendance à gérer plus mes deux filles qui avaient besoin d'attention et d'Amour….

Quand Titouan est rentré, il devait avoir une chambre pour lui tout seul, pour le protéger des microbes (avec deux filles à la maternelle-primaire, ça pullulait !). Quand il était en aplasie, interdiction de rentrer dans sa chambre, sauf moi. Et lui ne sortait pas bien sûr.

Nous avons dû repenser la maison, repeindre et tout désinfecter…

Il avait des chimios régulièrement. Nous retournions à l'hôpital très souvent. Puis cela s'est espacé progressivement. Nous y allons toujours (Titouan a 12 ans) mais une fois par an seulement pour un contrôle.

Cela me va très bien comme ça.

A trois ans, il a pris le chemin de l'école. Sa sœur y allait chaque jour, lui de temps en temps. Je crois qu'il n'a fait que quelques semaines de petite section.

Nous avons une très jolie photo d'anniversaire de ses trois ans, avec Juliette et leur copine Inès.

Il était instruit par moi et Adiboutchou. Vous connaissez ce petit garçon et son logiciel magique ? Titouan a appris les couleurs, les lettres, les chiffres, des mots anglais… plein de choses passionnantes. Il fallait passer le temps.

Quand il est allé en moyenne section, le jour de la rentrée, je l'ai présenté à la maitresse en lui disant « de prendre soin de lui et de l'éloigner des autres enfants malades au maximum ». Elle m'a dit que cela n'allait pas le faire, que ce serait trop compliqué à gérer.

Je lui ai quand même laissé mon fils mais suis rentrée chez moi dépitée. Comment cela allait-il se passer pour mon loulou ?

Le soir quand je l'ai récupéré, elle avait changé de discours. Elle était sous le charme. Il était si sage et si gentil qu'elle rêvait que tous les petits soient comme lui.

Chaque matin, Titouan, lui sautait au cou en lui disant qu'elle était trop belle... Quel charmeur celui-là. Il avait bien compris à l'hôpital qu'en étant charmant avec les femmes il obtenait à peu près tout ce qu'il voulait.

Aujourd'hui encore, mes amies me disent que j'ai un fils charmant et attentionné. J'espère qu'il le restera.

5

C’est sans doute ce long et douloureux passage à l’hôpital qui m’a donné envie de changer de métier. J’étais Chef de fabrication dans une grosse agence de publicité. J’étais chargée de faire fabriquer tout ce que les créatifs et les commerciaux imaginaient. Mais l’ambiance n’était plus aussi joyeuse qu’à mes débuts dans la pub.

Je suis donc devenue décoratrice dans les Espaces de Soin.

Une jolie crise de la quarantaine.

Je venais de vivre des évènements douloureux, on s’en était sortis. Les choses devaient changer.

J’avais fait le tour de mon métier de Publicitaire. Je voulais quelque chose de plus valorisant. Surtout que dans la publicité, le sexisme est /était de rigueur. A poste équivalent, les femmes avaient des salaires inférieurs et surtout se faisaient régulièrement attaquer sous prétexte qu’elles avaient des enfants (et donc qu’elles risquaient de devoir rester au chevet de leur enfant malade).

Mon boss n'avait aucune idée de ce que je faisais toute la journée à mon poste. Il croyait que je passais mon temps à rigoler et que je ne servais à rien (comme la plupart des femmes de son entreprise d'ailleurs).

Donc je dirai haut et fort :

A tous ces hommes qui croient que les femmes sont inférieures et qu'elles ne méritent pas ce qu'elles méritent vraiment, je dis : « regardez-vous dans une glace, voyez l'enfant que vous avez été, qui a eu mal et qui était si heureux d'avoir sa maman auprès de lui pour le rassurer et prendre soin de lui. C'est elle qui a fait de vous ce que vous êtes aujourd'hui. Si vous êtes fort, c'est grâce à elle quelque part. Alors ne traitez plus les femmes de vos entreprises avec mépris. Ne faites pas aux autres ce que vous ne voulez pas qu'on vous fasse. »

Voilà c'est dit...

Les femmes sont des êtres forts et merveilleux. Elles donnent la vie et méritent le respect.

Voilà mon bisounours de cœur qui parle à nouveau...

Bref, pour revenir à mon boulot, je voulais servir à quelque chose et être fière de mes réalisations.

J'ai donc profité de l'invention de « la rupture conventionnelle » pour quitter le monde du salariat et de mon agence de pub.

J'ai créé mon EURL en tant que Chef de Fabrication/Décoratrice. J'ai donc travaillé en tant que chef de fab pour plusieurs agences au début. Je travaillais bien sûr avec l'agence qui m'avait licenciée. Je n'avais pas trop le choix. Il fallait que je gagne des sous enfin.

Cela faisait 5 ans que je ne ramenais qu'une petite somme à la maison entre le congé parental et le congé enfant malade. Ma fierté me le dictait. Mon ego montrait son nez.

Je voulais devenir « Chef d'entreprise ». Rien que le mot « Chef » me plaisait et me plait toujours d'ailleurs. Je suis une guerrière, j'aime commander et qu'on m'obéisse. Je suis juste mais commandeuse.

Mon père était chez d'entreprise dans le bâtiment. J'étais si fière de lui, de son statut, du respect témoigné par les « autres » à son égard. En plus il avait une grande gueule. Alors on l'écoutait et on croyait ce qu'il disait. Cela m'avait donné envie de goûter à l'entreprenariat.

J'avais besoin d'être reconnue et estimée. Je pense que nous sommes beaucoup dans ce cas-là !!!!

Un jour que je revenais passer une scintigraphie au Centre Eugène Marquis (Centre de cancérologie de Rennes), je regardais les murs de la salle d'attente. Et je me suis dit : « ce n'est pas possible, on doit pouvoir faire mieux, mettre de la couleur, du végétal, un peu de fantaisie sur les murs, il y a du travail à réaliser ».

Et c'est ce que j'ai fait. J'ai fait des photos d'une salle d'attente de la scintigraphie.

Le week-end avec mon mari, nous avons travaillé sur des simulations de couleurs et de placement de tableaux et de textes. J'ai présenté cela au directeur du Centre et à son assistante le lundi. Ils ont adoré et signé avec moi pour que je décore quasiment tout le Centre.

Ce fut mon premier contrat de décoratrice et j'en suis fière.

En isotope, Isabelle, la chef du service m'a même donné carte blanche. Je me suis fait plaisir, croyez moi. Dans une salle (avec un gros respirateur) il y a un pécheur avec un petit poisson en bois au bout de sa ligne. Dans une autre chambre, en gros plan une femme fait du vélo. Dans une autre, un bain de soleil dédramatise les lieux.

J'ai changé tous les miroirs. Ils viennent d'une jolie boutique de décoration. Ils ressemblent à ceux de nos maisons, ils sont en bois. Partout j'ai mis de la couleur, des oiseaux, des grandes herbes.

Et dans l'espace enfants (là où les petits viennent pour qu'on leur injecte le produit radioactif nécessaire à la scintigraphie), un grand ours joue avec un enfant sur une balançoire et de petits escargots montent le long des glaces. Tout est fait pour leur occuper l'esprit pendant l'intervention. On ne les entend plus hurler du couloir. Et mon cœur ne pleure plus au son de leur détresse.

C'était le début de ma nouvelle vie professionnelle.

Mon métier premier de publicitaire m'amenait à travailler avec des imprimeurs numériques grands formats. Cela m'était bien utile pour décorer.

Mon mari ou moi-même dessinions nos propres décors et pochoirs. Ensuite, soit je posais les stickers directement sur les murs, soit j'utilisais un pochoir pour peindre le décor.

J'ai passé des jours et des semaines un pinceau à la main, dans ce lieu qui me faisait si peur mais que je voulais dédramatiser. Les gens dans les salles d'attente me complimentaient sur le bienfondé de ce projet. Ils étaient contents de voir de la couleur sur les murs, des fleurs, un peu de nature et de joie de vivre. Je continuais donc de plus belle. Avec une énergie redoutable, amplifiée par les regards bienfaisants des patients.

En plus des décors, nous avons revu toute la signalétique. Les gens se perdaient dans ces couloirs interminables.

Dans les hôpitaux ou cliniques, les patients sont souvent en détresse. Ils ne viennent pas là pour danser, mais se faire examiner, opérer et des tas d'autres choses pas rigolotes du tout. Donc ils sont dans leurs pensées. Il faut leur faciliter le parcours. Un code couleur par service, et hop, il n'y avait plus qu'à suivre une couleur pour arriver à bon port.

Je reprends ce principe de codes couleurs partout où je passe. Et comme je travaille essentiellement avec des stickers, c'est facile à poser et facile à changer, donc pour ainsi dire modulable.

Mais pendant ce temps là…

6

Mon corps malade avait attendu que Titouan aille un peu mieux pour me lancer la deuxième offensive.

Mon cancer du sein est revenu en cancer des os. Les médecins disent que c'est le même cancer. Que c'est une récidive du cancer du sein droit. Pour moi, à partir du moment où il va ailleurs, c'est un autre cancer. Bref. J'avais des métastases osseuses sur tout un côté du corps : le droit.

Le côté du féminin, le coté symbolique de la mère. (Avais-je des comptes à régler avec ma mère ?)

Comme j'étais déjà décoratrice, pour ne pas que je perde l'usage de mon bras et préserver mon nouveau métier que j'aimais beaucoup, je suis passée au bloc opératoire. Le chirurgien m'a posé des broches dans le bras droit pour que mon os ne casse pas en peignant des décors. Une opération un peu douloureuse. Et surtout un bras droit immobilisé pendant un mois. La galère, mais bon c'était un moindre mal. Je n'allais pas avoir de chimio cette fois-ci.

Ma douce kinésithérapeute venait me faire faire des exercices tous les jours, pour que mon bras ne se crispe pas après l'opération, pour récupérer la mobilité totale avant /arrière. C'était douloureux, mais nécessaire.

Ce cancer s'est à peu près bien déroulé. On a attaqué l'hormonothérapie. J'ai eu de la radiothérapie localisée.

Je continuais à travailler. Je ne me suis jamais mise en arrêt maladie avant le printemps de l'année dernière soit 10 ans après le premier cancer.

Pendant ces quatre années de « chef d'entreprise », j'ai galéré.

Fin 2011, je crois, nouvelle récidive. Cette fois-ci dans les poumons et les ovaires. La terre se retirait souvent sous mes pieds. Je ne devais pas abandonner pour autant. Mes enfants comptaient toujours sur moi.

La chimio orale (et mon amie magnétiseuse) a eu le dessus sur cette récidive. Je ne me souviens plus très bien.

Car c'est à cette époque que mon papa est tombé très gravement malade. Cancer des poumons.

J'ai pris soin de lui comme j'ai pu, selon la force qu'il me restait pour affronter ces deux cancers en même temps. Je l'appelais tous les jours. Il habitait à presque deux heures de route. Je suis parfois allée le chercher pour l'emmener à ses chimios et le ramener ensuite. Il était malheureux.

Lui fort comme un ogre, fier comme un bar-tabac, se voyait dépérir de semaine en semaine. Sa fierté en a pris un sacré coup. Et moi ma confiance en notre force face à la maladie réduisait petit à petit.

Je priais pour nous tous. Mon petit garçon devait attendre cinq ans après le dernier traitement pour être considéré comme guéri et sauvé. A la moindre de ses fièvres, je paniquais à l'intérieur, je me grondais de penser au pire.

Certains enfants récidivaient et passaient d'une leucémie à une autre. Avec greffe de moelle osseuse et passage en bulle. Je ne me voyais pas passer une journée sans pouvoir prendre mon enfant dans mes bras pour le rassurer et lui donner de l'amour. Et pourtant je sais bien que je l'aurais fait quand même si j'avais dû en passer par là.

Certains enfants sont morts cette fois-ci. J'ai tellement pleuré.

Rien que d'écrire ces mots je pleure encore. Je ne peux m'empêcher de me mettre à la place de ces mamans qui ont vu mourir leur enfant malgré tout l'amour donné. Quel déchirement. J'aurais préféré qu'on m'arrache un bras plutôt que de voir mourir un de mes enfants.

Ce n'est pas la mort qui fait mal, c'est l'absence, le manque de l'autre qui brûle le cœur.

Alors je vais encore crier haut et fort.

AIMEZ VOS ENFANTS, de toutes vos forces, de tout votre cœur, de toute votre âme, de tout votre Amour.

Ils sont à votre merci, ils vivent accrochés à votre bon vouloir, à votre Amour, leur joie de vivre dépend de votre joie de vivre. Leur vie de demain dépend de la vôtre aujourd'hui.

Et pourtant ces petits êtres ne nous appartiennent pas. Nous sommes là, nous les parents, pour les mettre au monde, les aimer, leur donner confiance en la vie. Et les regarder ensuite vivre leur vie.

Et tout dépendra de ce passage près de nous.

Regardez, moi, aujourd'hui, je suis toujours bloquée avec cette douleur de l'abandon. Elle vient de mes premiers mois de vie. Et pourtant pourrait-on dire que j'avais conscience de la douleur de cette séparation chaque semaine. Si petite, bébé. Pourtant je reste avec cette peur en moi qui conditionne tout ce que je pense et tout ce que je fais. Même si je tente de me raisonner...

L'Amour n'a pas de raison, il n'a que de l'Amour.

Je reviens à mon papa. Cet hiver 2011-2012 a été difficile pour moi, nous étions deux à avoir le cancer du poumon. Pas au même stade, certes. Mon père était fatigué par son âge, moi j'étais fatiguée par les chimios et la tristesse.

Je sentais ses forces l'abandonner. Il a écrit son testament. Il a préparé son départ. Il ne voulait pas d'enterrement, pas de crémation, pas de « pignouseries ». Il ne voulait pas que nous soyons malheureux après son départ.

Il voulait que la vie reprenne son cours et que nous gardions nos forces pour vivre. Il a toujours dit que la vie avait été injuste avec nous, du fait de la leucémie de Titouan. Il me disait souvent, « c'est dégueulasse la vie, un être si petit et si gentil, pourquoi ? Je veux prendre le cancer de mon petit-fils. Je suis prêt à donner ma vie contre sa guérison ». Quelque part, c'est ce qui s'est passé. Il a été exaucé.

Il est mort en février 2012 à 68 ans. Il avait été hospitalisé car il respirait avec grande difficulté. Il a été un peu mieux (juste avant de mourir). Il a demandé à me voir. J'y suis allée avec mon mari. De cet après-midi-là, j'en ai un bon souvenir. Il était content de notre présence, de notre tendresse. On a bu une bière ensemble dans sa chambre. Cela lui a fait plaisir.

Nous sommes rentrés le soir-même un peu perplexes. On ne savait pas si papa allait s'en sortir ou pas. Il avait l'air plutôt en forme. Etait-ce l'effet des médicaments. Je ne sais pas, je ne saurai jamais.

Le soir même, tard on nous a appelés pour nous annoncer la mauvaise nouvelle. Papa était mort. D'abord la stupeur. L'incompréhension. Avais-je bien entendu. Je venais de le quitter avec un grand sourire et un « à très bientôt mon papa »... et il était parti quand même. Avait-il voulu nous dire au revoir pour partir sereinement ? Je pense que oui.

Contre toute attente, je n'ai pas pleuré. Et je ne pleure toujours pas quand je pense à lui. N'allez pas croire que je suis insensible, bien au contraire. J'ai juste une vision de la vie et de la mort un peu particulière. N'oubliez pas je crois à la réincarnation.

J'ai vu mon papa souffrir pendant des années. Il avait eu un grave accident de la route alors que j'approchais de mes 18 ans et il avait attrapé la gangrène à l'hôpital. Je l'ai vu se faire opérer 18 fois. Ils ont essayé de sauver sa jambe à maintes reprises. Ils ont fini par l'amputer au genou. C'était pour lui le début de la descente aux enfers. Il souffrait beaucoup. Il buvait parfois pour soulager sa souffrance, pour oublier. Il n'était pas toujours très « fin » quand il avait trop bu.

Mais sommes-nous mieux que lui quand l'alcool ou la drogue empoisonne notre sang ???

Je lui pardonne. Je comprends, je me noierais bien dans l'alcool parfois pour un peu de paix de l'esprit. Mais ce n'est pas la solution. J'ai trois enfants et je dois veiller sur eux, donc je reste vigilante. Je ne l'ai pas toujours été, je l'avoue.

De toute façon avec un cancer du foie, il vaut mieux ne pas boire, je pense même qu'il est interdit de boire.

Je n'ai jamais posé la question aux médecins car j'avais peur de la réponse (que je connais bien sûr). Tant que personne ne m'a dit « c'est interdit ! » c'est donc un peu autorisé.

Je regrette aujourd'hui ces soirées alcoolisées où mon verre était toujours rempli pour que je sois dans le même état que les autres, aussi rigolote qu'eux... mais beaucoup plus morte qu'eux à l'intérieur. Je me suis laissée faire. J'ai même souvent demandé qu'on me resserve pour montrer que j'étais forte, plus forte que la maladie. Foutaises. Je suis comme tout le monde. Je ne suis qu'un humain, et à 50 ans je vais bientôt mourir à cause de ma connerie.

Je regrette tellement.

Il n'y a pas grand-chose que je regrette de ma vie actuelle. Je n'ai pas fait de « bêtises », j'ai été plutôt heureuse. Mes parents m'ont aimée à leur façon, sans beaucoup de démonstration (quel dommage, c'est si bon un câlin). J'ai beaucoup d'amis et un mari qui ne m'a pas quittée malgré la maladie.

Mais je regrette deux choses : les 25 ans passés à fumer et tout l'alcool qui a coulé dans mes veines. Aujourd'hui ils peuvent causer ma perte. Et c'est entièrement de ma faute. Personne ne m'a poussée à m'empoisonner.

Je me demande pardon à moi-même.

Donc quand mon papa est mort. J'ai juste pensé : « enfin, il ne va plus souffrir ». Peut-être bondissez-vous en lisant cela, mais je l'ai tellement vu dépérir semaines après semaines, que j'étais contente qu'il ne soit plus de ce monde, même s'il me manquait beaucoup. Je ne sautais pas au plafond de joie mais mon cœur s'était allégé...pour lui.

Les frères de mon papa n'ont pas du tout compris ma réaction et m'ont rejetée. Ce jour-là j'ai perdu mon papa et toute la famille de son côté. Tant pis pour eux. Moi je ne regrette rien. On doit aimer sans jugement (pas facile, même pour moi).

Je comprends ce que ressent mon mari quand il me voit m'affaiblir de jours en jours après la chimio lourde. Il ne me voit plus belle comme j'étais, et comme je suis peut-être encore. Il me voit malade avec la mort qui rôde autour de moi. Ce n'est pas une jolie façon de voir l'être aimé. Cela a fini par tuer nos sentiments.

Lorsque mon heure sera venue, j'espère que mes enfants penseront de la même façon que moi avec mon père. Ainsi, ils souffriront beaucoup moins de l'absence de leur maman.

Car je souffre souvent, physiquement. Ce sont peut-être de petites souffrances, mais il y en a beaucoup en même temps. Elles s'accumulent. Et parfois je n'arrive plus à libérer mon esprit du mal qui m'empêche de bouger, de manger, de parler, de rire. Ces quelques mots sont capitaux pour moi. Si je ne peux plus parler ni manger, ni rire, je ne veux plus vivre.

Aujourd'hui si je ne pouvais plus bouger, avec la technologie et les réseaux sociaux, je pense que je pourrais encore communiquer et partager.

Mais quand des plaies de 5 cm de chaque côté de la langue ne vous permettent plus ni de rire et parler, ni de manger, cela sent la fin. Heureusement ce n'était que des bobos provisoires.

Les oncologues changent les protocoles quand il y a des effets secondaires invalidants. Merci à eux. Pour moi, la fin n'était pas pour cette fois. Et elle n'est peut-être pas pour demain non plus.

7

C'est un sentiment troublant et difficile à gérer de ne pas savoir de quoi sera fait demain… On se demande s'il est souhaitable et permis de faire des projets ?

Serais-je encore vivante ? Serais-je en forme ? Suffisamment pour sortir, voir du monde, me promener avec mon chien. Faire des voyages, aller en vacances. Parler avec des gens de choses et d'autres (et non pas que de la maladie). Il est bon parfois, et même souvent de parler d'autres choses que de cette maladie qui nous dévore le corps et l'esprit. Juste parler de tout et de rien, de choses gaies, légères, sans importance, sans conséquence…

Vais-je pouvoir travailler bientôt ?

Reprendre une vie sociale ? Que ce mot est important dans mon cœur : une vie sociale ; une vie avec les autres, sans être seul/e. Avoir une vie sociale, c'est une façon de gagner sur la maladie.

Etre assez fort pour pouvoir travailler avec toutes les contraintes de trajet, de temps, de stress ; mais aussi avec le partage. Exister avec et pour les autres, c'est vivre. Et c'est un mot très important quand on lutte contre le cancer.

Ainsi de Mars 2009 à sept 2013, mon entreprise a vivoté. Je n'avais pas l'énergie et la volonté de démarcher de nouveaux clients. Et les charges sociales sont arrivées, me coûtant plus que je ne gagnais. J'ai tout arrêté. Le fardeau était trop lourd pour moi. La guerrière a posé son épée.

Il fallait que je fasse quelque chose, mais quoi ?

J'étais bien vivante, en forme. J'étais victorieuse contre le cancer. J'avais envie de m'éclater professionnellement. Je voulais gagner des sous et être fière de moi.

J'ai donc demandé un stage de retour à l'emploi avec aide aux entretiens, approche réaliste du métier pour lequel j'étais faite, selon le marché actuel.

Il en est ressorti, au bout de 3 mois, que j'étais sur la bonne voie : la décoration d'intérieur. Oui, parfait, mais où ? Chez qui aller travailler.

Avec un CV comme le mien, avec mon état de santé qui nécessitait des rendez-vous réguliers pour des soins ou des imageries médicales. Qui allait vouloir de moi ? Je ne pouvais pas cacher mon état de santé, c'était impossible.

Vous vous voyez vous patron, entendre dire un candidat « j'ai le cancer, mais je lutte bien, j'ai besoin de temps par-ci par-là pour faire des scintigraphies et des scanners. Pour rencontrer mon oncologue ou aller voir l'acupuncteur... Mais ne vous inquiétez pas je vais travailler au maximum de mes capacités. Ayez confiannnnce, embauchez-moi. »

Personne ne serait assez humainement fou pour m'embaucher, quel boulet un salarié pareil. Et pourtant je travaille jour et nuit quand j'en ai la force. J'adore travailler, servir à quelque chose.

Je suis certainement plus rentable qu'un petit jeune sans expérience, qui ne connait pas la valeur de la vie, et que ne se donnera pas à fond pour son boulot. Je ne sais pas faire les choses à moitié, j'aime que ce soit parfaitement fait, je suis exigeante, parfois chiante au boulot.

Et pourtant, la chance a fini par pointer le bout de son nez. Ouf un peu pour moi.

En décembre 2013, j'ai été contactée par une femme, directrice d'une très grande Clinique de Rennes. Elle avait visité le Centre de Cancérologie que j'avais décoré. Elle aimait mon style et voulait que je décore sa Clinique. Elle avait du cœur, une belle énergie. Elle m'a fait confiance malgré mon état incertain.

Même si à ce moment-là je n'étais pas sous chimio lourde. Je pouvais y retourner à n'importe quel moment. Avec un scanner tous les trois mois, le vent pouvait vite tourner.

C'est ça le souci avec le cancer. Cette maladie est sournoise. On ne la sent pas toujours.

Je me portais très bien. J'allais passer un scanner ou une scintigraphie et hop, les mauvaises nouvelles tombaient sans prévenir. Chaque nouvelle imagerie était pour moi et ma famille une grande source de stress… Qu'allions nous voir à l'intérieur de mon corps ???

Et je devais aussi faire suivre mon petit garçon, avec ses imageries à lui. Il fait partie d'un protocole de surveillance LEA. Pour voir à long terme les effets de la chimio sur son corps grandissant. Il va bien Dieu merci.

Pour ce nouveau poste, j'ai mis cartes sur table au premier entretien.

J'ai écrit mon propre contrat avec toutes les clauses non négociables, comme : me laisser aller à tous les examens et rendez-vous médicaux nécessaires à ma santé et celle de mon fils. Toutes mes exigences ont été acceptées sans la moindre remarque.

Comme quoi on peut avoir le cancer et travailler.

Comme quoi on peut être un patron et embaucher une personne atteinte du cancer.

Et oui, il reste de chouettes patrons sur terre. Je les remercie tous d'avance d'embaucher des salariés malades, pour leur permettre d'avoir une vie sociale, de se sentir utiles et donc d'avoir de l'estime pour eux-mêmes. Ils nous aident à guérir.

MERCI.

J'ai démarré avec 4000 m2 de bâtiment neuf, blanc, sans style, sans âme. Top propre et parfait pour une décoration personnalisée.

Trois mois avant l'ouverture au public.

Et moi toute seule là-dedans...

J'ai fait marcher ma tête, laissé tourbillonner les idées. Au début je n'en menais par large. Je n'étais pas sure de tenir le délai et pas sure que mes forces seraient suffisantes pour un tel ouvrage.

Une jeune femme, en formation peintre, envoyée par le Greta est venue me prêter main forte. Nous avons énormément travaillé. Au début tous les décors étaient réalisés au pochoir. Comme mes dessins étaient bicolores, essentiellement des feuillages avec des chiffres sur les portes; il fallait attendre que la partie d'une couleur soit sèche pour entreprendre la deuxième couleur.

Lorsque j'enlevais mes pochoirs, avec la plus grande délicatesse, des petits morceaux de peintures sautaient par-ci par-là.

Pour finir par le travail de retouche avec un tout petit pinceau, car je voulais que ce soit parfait. Je ne voulais pas avoir à rougir de mon travail et j'ai horreur qu'on mette le doigt sur quelque chose de mal fait en disant : "oh regarde, là, tu as raté".

Cela m'énerve et gâche l'appréciation de l'ensemble du travail. Donc je m'applique et personne ne fait de réflexion.

J'ai avancé service par service. D'abord tout l'ambulatoire. Puis les consultations gynécologiques. Puis la PMA... où j'ai mis des murs de couleur rouge et de jolies photos de Clara Morgane.

Ce chantier a duré trois ans pour moi. J'étais embauchée en CDD selon les parties à décorer. Chaque nouveau chantier de la Clinique m'amenait à décorer dans le même esprit. Je revenais donc sans arrêt poursuivre mon œuvre.

Je dois dire que je suis fière de moi. La Clinique est lumineuse, colorée mais pas trop. Fleurie mais pas trop. Avec une signalétique compréhensible et modulable.

Il y a même une Maison de Naissance, entièrement décorée par mes soins. J'ai choisi les meubles. Je suis allée les acheter dans de jolis magasins actuels, tels que Maison du monde. Les tables de chevet et les luminaires sont "comme à la maison».

Les décors sont chaleureux. Il y a un lit double pour que le mari puisse être allongé auprès de sa femme pour la soutenir dans ses efforts. Une grande baignoire où on entre à deux. Une écharpe de portage et un petit siège pour accoucher semi assise.

J'ai même cousu les dessus de lit, les taies d'oreillers, la guirlande de fanions en tissus. C'est super joli. On dirait une belle chambre d'hôtel décorée "comme à la maison". Avec la sécurité de l'hôpital, juste au cas où.

Je trouve que c'est un bon compromis pour accoucher naturellement sans prendre de risque. Ils reçoivent beaucoup plus de mamans que prévu. C'est un franc succès.

Si tous les hôpitaux pouvaient être décorés comme à la maison (une jolie maison, cela va de soi), ce serait top. Les patients auraient beaucoup moins de stress d'y passer quelques jours. Les enfants y viendraient avec moins de hantise.

Il faudra changer les mentalités et le chemin est encore longggggg....

Pendant les mois où je ne décorais pas la Clinique de la Sagesse,

Soit je me reposais. Mon corps en avait bien besoin. Car je bouillonne d'impatience dès que l'on me confie un chantier déco.

Soit je décorais des maisons de retraite. Deux au total. Pas énorme me direz-vous!

Mais elles sont remplies de fleurs et de plantes en couleurs sur les murs. La signalétique y est ludique. Elle plait aux résidents mais aussi aux visiteurs. Car la vie des résidents dépend de leurs visiteurs. Si le lieu où ils vivent est joli et sent bon, leur famille viendra plus souvent leur rendre visite.

Personnellement, je suis allée plusieurs fois voir mon grand-père en maison de retraite. Je dis bien " plusieurs fois" et non pas "souvent", car ce lieu, même s'il avait un beau parc n'était pas top à mon goût. Voir mon papi assis sur une chaise roulante au bout d'un couloir sans ses dents (c'était plus simple pour le personnel), à attendre que quelqu'un qu'il reconnaisse arrive et lui parle.... brrrrrr. Ça me glaçait le dos. J'avais tellement de peine en repartant, que je devais me motiver pour y retourner.

Pensez-y si un jour vous voulez y mettre vos papas et vos mamans. Ce n'est pas un lieu de vie agréable si vous ne venez plus les voir. OK, les soignants vont prendre soin d'eux. Mais ils n'ont pas beaucoup de temps à consacrer à chaque résident. Quand on est vieux, c'est un peu comme pour le cancer, le moral tient en vie. Et ceux qu'on aime c'est pour eux qu'on vit.

Je suis donc fière d'avoir décoré deux maisons de retraites, une clinique et un centre de cancérologie. J'aurais voulu faire plus, mais on ne fait pas toujours ce que l'on veut dans la vie.

J'allais oublier, j'ai décoré deux maternités du sol au plafond. En un mois pour chaque. Je ne perdais pas de temps. Quatre semaines seulement pour créer les décors, faire les simulations avant-après, préparer tous les fichiers pour l'impression ou la découpe d'adhésif, et la pose, réalisée sur site par mes soins.

Quelle joie de voir les regards heureux des papas et des mamans lorsque je posais les décors sur les portes ou les murs de la maternité. On me félicitait, j'appréciais la reconnaissance de mon travail. Je souffrais physiquement lors de la pose. Je remercie les anti-inflammatoires pour leur aide précieuse, sans eux j'aurai abandonné le métier il y a longtemps.

Aujourd'hui je ne décore plus de lieu de soin et cela me manque. J'aime quand ma tête bouillonne et cherche des idées partout. J'ai l'impression que c'est Noël dans mon cœur.

Voilà j'ai passé trois belles années de créativité.

8

Mais avec une autre récidive du cancer...

Dans le foie cette fois-ci, avec une évolution des métastases osseuses. Extérieurement je ne sentais rien, je n'avais même pas mal...

La chimio en cachets à prendre à la maison ne suffisait plus. Les trois tumeurs cachées dans mon foie continuaient à grossir.

Il a fallu reposer une chambre implantable, dans le bras gauche cette fois-ci. On m'injectait de la chimio chaque semaine pendant trois semaines, puis une semaine de repos.

Mon état s'est dégradé progressivement. En quatre mois j'ai vieilli de 20 ans, j'ai perdu mes cheveux et tous mes poils (encore). J'ai perdu mon énergie et ma joie de vivre.

Celle que je voyais dans le miroir n'était pas celle qui se cachait dans mon cœur. J'avais mal partout, des petites douleurs qui prises séparément sont tout à fait supportables. Mais toutes additionnées, devenaient insupportables. Chaque déplacement me faisait gindre. Je ne voulais plus bouger, tout me faisait trop mal. Ma sciatique me clouait au lit. Mes douleurs au bout des doigts m'empêchaient d'attraper les choses, je ne pouvais plus coudre, ni écrire. Et je vous passe les douleurs non avouables. Tous mes organes étaient comme brulés.

Je n'avais plus la force, ni l'envie de me lever. Je me suis dit que les choses ne pouvaient pas rester comme ça. Je préférais mourir que de continuer à vivre cela, car cela empirait de semaine en semaine. Et malgré toutes ces souffrances, mes tumeurs continuaient à grossir. Donc pourquoi s'acharner à souffrir.

Je suis contre le suicide. Je suis contre l'abandon, cela va de pair pour moi. Ma mère m'a fait subir plusieurs tentatives de suicide, qui m'ont laissé un gout amer. Je ne voulais donc pas en arriver là. Et pourtant dans ma tête les choses commençaient à changer. Cette idée germait en moi, malgré mon propre dégout.

Je me suis renseignée sur l'euthanasie dans les pays limitrophes. Car en France, on vous laisse souffrir, on ne vous donne pas le droit de choisir de mourir quand vous n'en pouvez plus.

Ils parlent de non-assistance aux personnes en danger.

Tout dépend de là où se cache le danger, dans la souffrance perpétuelle physique ou mentale, où dans les organes touchés. Chacun voit midi à sa porte.

Je sais que le jour où j'arriverai au bout du chemin de cette vie, il ne faudra pas me laisser souffrir. Car là, oui, il y aura non-assistance à personne en danger.

Et puis j'ai cherché une autre solution. Il n'était pas possible que je quitte mes enfants, pas déjà. Cela faisait dix ans que j'étais traitée dans le même hôpital, avec la même oncologue. Je me suis dit qu'il fallait que j'aille chercher secours dans un autre hôpital.

Un œil nouveau sur mon dossier serait sans doute ce qui me sauverait. On allait peut-être me proposer un nouveau protocole, un essai d'un nouveau médicament? J'en étais sure.

J'ai réussi à avoir un rendez-vous rapidement, dans un autre hôpital breton. J'ai fait photocopier mon dossier à Rennes et l'ai fait passer à l'oncologue qui devait me recevoir pour qu'elle puisse l'étudier avant notre rendez-vous.

Deux semaines plus tard je suis allée confiante à ce rendez-vous, en me disant que c'était ma dernière chance de guérir et qu'on allait me sauver.

J'en ai encore les jambes coupées, croyez-moi. Et pourtant tout le monde autour de moi dit que je suis forte, que j'encaisse "les coups". Mais là, c'était trop à encaisser pour une maman comme moi qui aime autant ses enfants.

Je n'ai jamais entendu si peu d'humanité. Mon dossier avait bien été étudié, les traitements faits à Rennes étaient très bien. Rien à redire. Il fallait juste que je devienne réaliste. J'étais condamnée, c'était fini pour moi. Combien de temps me restait-il ? Aucune idée, ni en mois, ni en années...mais peu apparemment. On m'a dit que toutes les cartouches du fusil avaient été utilisées. Que plus rien ne pourrait me sauver et que je devais accepter mon sort. Qu'il fallait que je fasse mon testament et que je prévienne mes enfants que j'allais mourir.

Les enfants sont parait-il très compréhensibles. On m’a quand même suggéré de les faire suivre par une psychologue car ils en auraient besoin...

Pour que je vivre le plus longtemps possible, on m'a conseillée de ne plus travailler, de rester tranquille chez moi. Où, chez moi? Au fond de mon lit? A me regarder mourir de chagrin, sans vie sociale, sans être utile à qui que ce soit, sans plus aucun but? Juste survivre quelque temps en plus.

Cela vous donne envie un tel descriptif de vie??? Moi non.

J'ai pleuré tout le chemin du retour.

J'ai pleuré toute la journée.

J'ai pleuré pendant 15 jours.

Alors je dis haut et fort ma colère...

A vous les médecins qui nous soignez, qui êtes censés nous guérir, faîtes attention à ce que vous dites. Nous ne savons pas de quoi demain est fait. Un nouveau médicament miracle peut sortir. Ne fermez jamais la porte de l'espoir à vos patients, jamais.

On dit que l'espoir fait vivre. Je suis persuadée que cela marche sur moi et sur beaucoup d'autres femmes atteintes du cancer ou de maladie grave. Il suffit parfois d'y croire et cela aide à déplacer les montagnes.

J'ai lu récemment dans un livre de Vincent Gounelle "Ne laisse jamais personne te dire ce dont tu n'es pas capable". Et je me l'applique à moi-même. Suis-je capable de me guérir toute seule. Et pourquoi pas? En tous les cas je cherche à m'auto guérir par la prière et la reprogrammation cellulaire. Je tente ce en quoi je crois. J’en ai le droit et même le devoir vis-à-vis de moi-même.

J'ai revu mon oncologue sur Rennes, pour faire un point. Elle était sidérée d'entendre ce qu'on m'avait craché à la figure (même si cela m'avait été dit sans agressivité). Car moi je l'ai pris comme ça. On ne m'avait laissé aucun espoir. AUCUN...

Son discours fut tout autre. Elle m'a rassurée. Dans la maladie quelle qu'elle soit, la force mentale et la foi (quel que soit ce en quoi on croit) sont si impressionnantes de conséquences sur la survie qu'il ne faut jamais les sous-estimer. Elle m'a dit que j'avais déjà défié tous les statistiques; qu'ils ne savaient pas pourquoi, et que je devais donc juste continuer comme ça. Il fallait que je garde ma confiance et ma joie de vivre, que je travaille si j'en avais la force et si cela me procurait de la joie. Que je fasse tout ce qui me faisait plaisir. Pour vivre, je dis bien vivre. Non pas survivre au fond d'un lit, en attendant que la mort ne vienne me chercher.

J'ai arrêté de pleurer, j'ai décidé de sourire un peu, puis beaucoup et de reprendre gout à la vie. Quel que soit le temps qu'elle durerait, il fallait qu'elle soit pleine de rires, le rire de mes trois amours. Car il est sûr que la chose qui me motive chaque jour à me lever, à prendre mes médicaments, à sourire en disant "bonjour" : ce sont mes enfants, mes amours. C'est pour eux que je continue car je les aime tant et ils me le rendent si bien.

MERCI mes Amours… d'aimer votre maman si fort.

Ah, oui,

J'ai oublié de parler de mes amies. Elles ont été là pour moi pendant tout ce temps. Me soutenant, essayant de me faire rire. M'invitant à déjeuner ou à souper. Allant en week-end à la campagne ou au bord de la mer. Fêtant tous les anniversaires et le nouvel an avec moi. En prenant toujours soin de moi, en faisant les choses en fonction de mon état de santé, de mes envies. S'inquiétant pour moi souvent, pleurant parfois pour moi. Trouvant cela injuste. Je les en remercie de tout cœur.

MERCI. MERCI. MERCI.

Continuez à me soutenir jusqu'à mon dernier souffle. J'ai besoin de votre amour. Il me donne de la joie et du courage.

J'ai repris goût à la vie, je me suis relevée.

Lors d'un déjeuner d'Octobre 2017 avec une amie pleine de vie et de rire, se remettant elle-même d'un burnout (des grosses maladies il y en a partout), une information a tout déclenché.

Elle m'a conseillée de lire un livre « le rangement, l'étincelle du bonheur ». J'avais du temps, et je reprenais des forces petit à petit. Je pouvais donc ranger ma maison pour m'occuper. J'ai acheté le livre et je me suis forcée à le lire car il faut dire que je ne suis pas une reine du rangement. Pour les autres oui, pour moi, non. Vu l'ampleur de la tache j'étais fatiguée avant même de commencer.

Des années de cancer font que je n'avais pas beaucoup d'énergie pour ranger et trier ma maison, me laissant souvent submerger. J'ai une sale manie, la même que mon père, je mets tout dans des sacs. Et je me dis que je pourrais ensuite ranger sac par sac selon mes forces. Erreur ! Il vaut mieux ranger un peu chaque jour que d'entasser les sacs et ne plus avoir la force de commencer ensuite.

Bref j'ai lu la moitié du livre et je me suis mise à la tâche. Ranger donc. L'étincelle du Bonheur. De mon lit j'ai regardé autour de moi et j'ai commencé par les commodes contenant ma lingerie, mes bijoux, mes parfums, mes petits secrets, des photos… Le message de l'auteur est simple mais efficace. « Ne garder que ce qui fait naitre en nous une sensation de bonheur, de plaisir. »

J'ai donc jeté toute ma lingerie abimée. J'ai donné tous les bijoux (je n'ai que de la pacotille) que je n'avais plus envie de porter. J'ai trié mes secrets, gardé les plus beaux, ceux qui ont fait battre mon cœur. J'ai déchiré toutes les photos de gens que j'aime bof, bof …

Dieu que je me sentais légère et enthousiaste. Un vrai petit rayon de soleil. Je vous conseille vivement de faire du rangement dans votre maison, votre voiture, votre bureau et de ne garder que ce qui vous donne du plaisir. Le reste ne le jetez pas s'il peut encore servir, donnez-le. Vous ferez plaisir à quelqu'un et cela vous rendra heureux.

Partageons nos richesses, c'est source d'Amour.

De ce pas, j'ai fait le tour de ma chambre. Plus j'avançais plus je me sentais légère. Mes placards allégés et moi avec.

L'envie de reprendre soin de moi, de mon apparence est revenue aussi. Se maquiller, ne porter que les plus beaux vêtements. Se faire masser, poupouiller. Exister en fait. Et se sentir belle.

Manger tous les jours dans la vaisselle la plus jolie, cela semble dérisoire et pourtant, cela fait un bien fou aux yeux et au cœur.

En ne pas oublier l'insouciance, celle de l'enfant qui vit en nous. Ne jamais oublier cet enfant qui ne demande qu'à rire, à ne pas se soucier de ce que les autres vont penser. Se permettre des choses un peu folles, enfantines, comme manger avec les mains si on en a envie. Dormir dans une tente dans le jardin pour sentir la nuit. Aller sur la plage écouter les vagues ou donner du pain aux mouettes…

Aller faire des « câlins » aux arbres pour y puiser une énergie réparatrice. La nature regorge de merveilles. Tant de choses simples, mais douces et sans jugement.

J'ai écrit toutes mes souffrances sur un papier que j'ai détruit. Je voulais repartir à zéro.

Et là je me suis posée la question qui a fait chavirer ma vie : « Suis-je vraiment heureuse ? A 100 % ? »

J'ai fait le bilan de ma vie familiale, amicale, professionnelle, créative.

Et j'ai vu.

J'avais failli oublier d'être heureuse...

9

Je me suis rendue compte que pendant toutes ces années de lutte contre la maladie, la mienne et celle de Titouan, je m'étais mise de côté. Je m'étais oubliée. Je ne savais plus vraiment qui j'étais et ce que j'avais envie pour demain.

Je m'étais juste laissée porter par le courant de la vie et ses contraintes. Métro, boulot, dodo, avec un facteur de plus : la maladie, ses souffrances et ses angoisses. Comme pour mes amies, le temps passe trop vite, les années filent filent.

Je n'étais qu'une maman qui bosse et qui élève ses enfants. Comme les autres. J'étais la maman de … Mais je n'étais plus Manuela et ses envies, ses désirs.

Le chemin de vie que j'avais tracé à vingt ans avait dévié de sa trajectoire initiale. Mon mari, si blessé par toute cette maladie, ne voyait plus les choses comme moi. Je pense que pour lui survivre, c'était déjà bien. Il ne voulait pas que je le quitte, que je l'abandonne.

Mais pour moi survivre, ce c'était plus suffisant. Je voulais retrouver mes vingt ans et leur insouciance. Non pas que faire des « bêtises » m'attirait plus que ça… non, je voulais juste de l'insouciance, de la légèreté, des rires, du Bonheur.

Je voulais que mon mari porte la maison et les enfants lui aussi. Car, comme beaucoup de mamans, j'en avais pris la charge, de mon plein gré, certes. Mais cela me pesait aujourd'hui. Je ne parle que de la charge de fonctionnement, pas des enfants bien sûr. J'avais besoin de me reposer pour avoir du temps pour moi, rien qu'à moi.

Regarder au fond de moi qui j'étais, le parcours que j'avais fait. Etre fière de moi, avoir un peu d'estime de moi, je ne savais pas ce que c'était. Je ne me voyais que comme une merde, un boulet à trainer pour cette famille qui méritait mieux que toute cette souffrance.

Et pourtant autour de moi, on me disait que j'étais courageuse, que j'avais tout pour être fière de moi. J'en étais bien loin. Pour moi, me battre contre la maladie m'était imposé. Je n'avais pas le choix. Donc je ne voyais pas ce qu'il y avait de courageux là-dedans puisque je ne m'étais pas lancée dans la bataille de mon plein gré…

J'ai alors pris une grande décision, choisie par moi-seule mais avec une incidence pour toute ma famille. Reprendre ma liberté de femme, pour avoir le droit de faire des choix pour moi toute seule et par moi toute seule. Décision pas facile à prendre quand on est une maman et que l'on redoute d'abandonner ses enfants. En fait on redoute ce qu'ils vont penser, comment ils vont se sentir. Mais et nous dans tout ça. Où sommes-nous et qui se souci de nous, de nos désirs...

Moi. Donc, moi. Qui étais-je?

Je passais mon temps à faire plaisir autour de moi. Mais qui passait son temps à me faire plaisir ? La réponse m'a fait mal.

Car en fait quand je fais plaisir je n'attends rien en retour. Le plaisir donné est ma récompense et ma motivation. Le proverbe qui dit : "on n'est jamais mieux servi que par soi-même" est bien vrai. Donc pour moi, c'est à moi de faire aussi.

J'ai décidé, en premier lieu de couper les liens avec ma famille qui me blesse sans cesse. Parfois sans le faire exprès, juste par habitude, ou juste pour de mauvaises raisons.

Pour la nouvelle année, ma mère m'a envoyé un petit message en me disant "je te souhaite de faire du ménage (je crois, ou "du tri", je ne sais plus exactement) dans ta vie et dans ton cœur.

J'ai laissé murir cette consigne une bonne nuit et au matin suivant je lui ai répondu. "Tu as raison, je vais donc commencer par toi. Tu aimes mon frère plus que moi et tu ne m'aimeras jamais comme je le souhaite. Je ne serais jamais assez bien pour toi, même si je suis forte. Donc on va en rester là. Je ne veux plus de toi dans ma vie".

Je lui ai fait mal, c'est certain, mais je ne pouvais pas continuer à prendre des coups sans réagir. Elle pourra démentir tout ce qu'elle veut. C'est ce que mon cœur ressent, et mon cœur sera toujours blessé par sa façon d'accourir auprès de mon frère dès qu'il dit "aie", alors que moi je me bats réellement pour vivre.

Quand j'étais adolescente, ma mère me disait qu'elle ne m'avait pas souhaitée, que j'étais "une erreur de parcours dans sa vie » et qu'elle aurait été beaucoup plus heureuse si je n'avais pas été là. Grrr, sympa de vivre avec ces mots-là écrits sur mon cœur. Elle ajoutait même que mon petit frère, elle l'avait désiré, lui. Moi j'entendais "donc lui je l'aime c'est normal et toi je ne t'aime pas c'est normal". J'ai grandi avec ces pensées douloureuses, en me disant que jamais je ne ferai autant de peine à mes enfants.

J'espère que j'ai réussi.

Pendant toutes ces années, mon mari a tenté de combler ce vide affectif du mieux qu'il a pu. Mais...j'ai quand même décidé de divorcer. Pour plein de raisons qui me sont propres.

Dans mon état de santé précaire, certaines de mes amies ne m'ont pas encouragée dans cette voie. "Te retrouver seule, dans un appart, sans tes enfants, sans fric, sans personne. Chialer tous les jours et te serrer la ceinture? C'est ça que tu veux?"

C'est ce que j'ai entendu au début. En fait, c'était leur propre peur qu'elles me renvoyaient. Est-ce que toutes les femmes divorcées sont dans cet état-là? Je ne pense pas. J'en vois autour de moi qui apprécient leur nouvelle vie une fois qu'elles ont trouvé leurs marques. Et elles se reposent une semaine sur deux.

Coté divorce; en ce qui concerne le fait de chialer, en restant dans ma famille, je venais de passer des mois à pleurer tous les jours, soit de souffrance physique soit de souffrance morale. Donc ça ne changerait pas si les choses ne devaient pas changer.

Or, moi je voulais qu'elles changent justement. Donc c'est vers le soleil que je voulais aller.

Côté fric, nous n'avons jamais roulé sur l'or, mon mari et moi, nous partions peu en vacances et pas loin. Mes enfants n'ont jamais pris l'avion, ni le bateau. Et mon mari et moi ne sommes partis qu'une fois en avion, 4 jours en Corse. Donc ce n'est pas l'argent qui me retenait.

Mon état d'urgence physique me poussait à profiter au maximum des mois qui me restaient à vivre. J'avais envie, avec mes enfants, de voyages, de découvrir notre jolie planète Gaia, d'échanger et partager avec des gens d'autres pays; envie de soleil aussi....

Et surtout je ne voulais pas laisser le souvenir à mes enfants d'une maman au fond de son lit, triste. Je voulais que quand ils penseraient à moi, leur cœur soit rempli de joies, de moments de rire, de voyages, de partages, de découvertes, de soleil..... Je voulais qu'ils aient confiance en l'Amour et qu'ils construisent leurs vies sereinement.

Merci mes Amours d'être là.

En divorçant je récupère donc ma part de la maison. J'ai payé moi aussi toutes ces années, je peux donc recevoir une certaine somme pour faire de beaux voyages avec mes enfants.

Aujourd'hui je ne suis plus attachée aux biens matériels .Je considère même qu'avoir une maison, c'est avoir un boulet au pied.

Certaines personnes doivent lever les yeux au ciel... je les vois d'ici. J'assume mon choix.

Il faut bien avoir un domicile, où vivre et se réfugier chaque jour. Mais acheter une maison, c'est se bloquer à un endroit précis. C'est se priver longtemps, souvent les plus belles années de notre vie, celles où nous sommes le plus en forme pour voyager. C'est aussi ce qui empêche de changer de travail, de peur de ne plus pouvoir payer la maison...

En ce qui me concerne, il n'y aura pas de maison de retraite à payer (et c'est tant mieux car franchement je n'ai aucune envie de finir là-dedans). Donc je n'ai pas de raison de capitaliser pour ne rien coûter à mes enfants plus tard. Car il n'y aura pas de "loin plus tard".

Par contre il y a AUJOURD'HUI, et DEMAIN.

Et c'est là que je veux vivre, sereinement, pleinement. Les mots : « Plénitude et Bonheur » doivent être mon quotidien, avec la bienveillance aussi.

Je veux rire chaque jour. Je veux un beau futur.

Je viens de découvrir les soins quantiques. C'est magique ça. Tout est possible. Il suffit de rejoindre le champ quantique pour y puiser ce qui est notre futur rêvé et de le réinscrire en nous à la place de ce à quoi on s'attend et qui n'est pas bon. On se reprogramme soi-même en quelque sorte. C'est possible et à la portée de tous. Je vais donc me guérir avec ces soins en reprogrammant mon ADN. Cela n'a rien de mystique. Renseignez-vous un peu et vous verrez, avec stupeur, que bien des scientifiques ont découvert le quantique et l'étudient de très près car son incidence sur la guérison est phénoménale.

Quel que soit le stade de votre maladie, si vous êtes malade, gardez espoir, toujours. Ne baissez pas les bras, ou si peu, pour mieux les relever ensuite. Faites ce que vous sentez bon pour vous, choisissez les soins de médecines naturelles qui vous parlent, vous inspire confiance.

Aujourd'hui je suis à nouveau pleine d'espoir. J'ai envie de faire de grandes choses, de partager mon expérience et mon « courage », de voyager dans le monde. Envie de crier haut et fort « Soyez heureux. N'oubliez jamais d'être heureux et partagez ». Si je pouvais faire des conférences sur la résilience, cela me plairait beaucoup. Je vais y penser très sérieusement, mais là je ne sais pas trop comment faire...

Ouvrez vos yeux et vos oreilles, il y a partout des informations importantes pour vous. Moi je me laisse guider par les informations qui viennent à moi. Par exemple, mon professeur de yoga m'a parlé du soin quantique. J'ai regardé des vidéos et je me suis dit « Ouah ! C'est pour moi ça ! Je veux essayer ».

Je peux tomber sur un reportage médical à la télévision. Sur les dangers du sucre face au cancer. Et là je prends une autre information. E si elle me convient je me l'applique à moi-même.

On me demande souvent ce qui me tient en vie. L'Amour, juste l'Amour. Celui de mes enfants, de mes amies, de ma jolie planète qui me nourrit et m'ensoleille. Et aujourd'hui l'Amour pour moi-même. Car il faut vraiment commencer par s'aimer soi-même pour bien aimer les autres.

Je ne reçois plus les traitements comme un combat contre la maladie, mais comme un cadeau pour mes cellules. Le cancer est venu de moi-même. Ce n'est pas une maladie que j'ai attrapée. Je ne lutte plus contre ce qui est en moi, mais j'aime mes cellules et je le leur dis.

J'ai parlé si longtemps de « crabe », comme si c'était quelque chose indépendant de moi ; une sorte de bête. Mais j'ai compris il y a peu que j'avais tort. Cette maladie, c'est moi qui l'ai créé. Pourquoi ? Sans doute parce que je n'étais pas bien, pas en harmonie avec moi-même.

Décortiquez les mots qui résonnent dans votre vie. Ils ont des choses à vous dire, parfois à demi-mot... Je cherche donc le message donné par la maladie. Entendez « le mal a dit ». Je cherche à comprendre ce que je n'ai pas vu.

On dit le « cancer », en fait il faut entendre « quand sert ; quand je me sers ». Quand vais-je enfin penser à moi et prendre soin de moi...

Car si la maladie revient, c'est que je n'ai donc pas entendu son message.

Ai-je pris le bon chemin ?

Celui qui même au bonheur ?

Ou suis –je en route pour l'illusion du Bonheur ?

Et vous ....

J'espère que ce livre vous a beaucoup plu, qu'il a suscité quelques émotions, pas trop de larmes... mais surtout une furieuse envie d'être heureuse et de mordre dans la vie à pleine dents.

N'oubliez jamais d'être heureux...

Quelques témoignages de lecteurs de la version finale, juste avant lancement en auto édition :

"Mon amie Manuela est un Etre rempli de ressources créatrices, ingénieuse et soucieuse déjà de nature de rendre la vie belle aux autres. Sa vie, comme son parcours, est une vie hors du commun, son esprit comme son cœur est ouvert à tout ce qui se présente à elle. C'est un soleil et ses mains sont l'extension de son cœur, elle sait partager et transmettre. Une femme courageuse mais qui n'a jamais baissé les bras en dépit des évènements qui sont arrivés sans crier gare dans sa vie. Ce livre, qu'elle a auto écrit, est parfaitement son reflet et j'ai eu un vrai plaisir à le lire, un vrai témoignage de Force et d'Amour qui donne envie de Vivre, digne d'un Passeur de Lumière.

Sonia F. "

« Wouah je l'ai dévoré. Certes je suis passée par toutes les émotions

Des larmes, des sourires, et parfois les deux en même-temps.

C'est un témoignage pleins d'amour pour tes loulous et tellement beau : Celui d'une mère qui ne lâchera rien pour ses enfants et c'est magnifique !

C'est une énorme leçon de vie : LA VIE et surtout LE BONHEUR

Vivre pleinement chaque jour en étant heureux et en partageant tout cet amour avec les enfants.

La vie nous écorche, mais seul nous pouvons la rendre plus belle en acceptant d'être heureux ! La vie est tellement précieuse pour ne pas en faire ce que nous souhaitons. Oublier le passé pour penser au Présent, c'est tellement plus important

Se sentir libre d'agir et de penser ce que nous voulons sans avoir peur du regard des autres et des jugements.

Se battre pour rester auprès de ceux que tu aimes, c'est une grande leçon de vie que tu me donnes (j'avoue en écrivant ses mots, les larmes coulent)

Franchement magnifique et écris avec tellement de légèreté.

BRAVO ma Manue, ne change rien »

Nadège M.